두드리고 있어라

KB193322

두드리고 있어라

초판 1쇄 인쇄 2025년 2월 20일
　　1쇄 발행 2025년 2월 25일

지은이 ｜ 김수려

펴낸곳 ｜ 북앤피플
대　표 ｜ 김진술
펴낸이 ｜ 김혜숙
디자인 ｜ 박원섭
마케팅 ｜ 박광규

등　록 ｜ 제2016-000006호(2012. 4. 13)
주　소 ｜ 서울시 송파구 성내천로 37길 37, 112-302
전　화 ｜ 02-2277-0220
팩　스 ｜ 02-2277-0280
이메일 ｜ jujucc@naver.com

ⓒ2025, 김수려
ISBN 978-89-97871-70-4 03810

이 책은 한국예술인복지재단에서 제작비 일부를 지원 받았습니다.

잘못된 책은 구입처에서 바꾸어 드립니다.
값은 표지 뒤에 있습니다.

두드리고 있어라

김수려 시집

북앤피플

시를 사랑하는
모든 그대에게

시인의 말

나는 당신을 본다
처음이듯이 본다
이 벅찬 햇살 아래
라 라 라~ 한 이 바람 속에
당신을 본다
살랑인다 당신
오래된 처음인 당신이여
나 또한 살랑이게 하는 그대
고통(앞으로)
사랑(뒤로)
한 번도 웃지 않는 그대를 향해 나는 웃어야 한다
웃겨야 내가 나아간다

그러므로
나는 지금 라 라 라~

2024년 11월
김수려

차례

두드리고 있어라

제3부

제1부

다녀온다 밤에

비가 내린다
똑 똑 똑 깊은 밤
낮게 두드린다 밤
언제일지 모를 나의 그 시간을
두드린다
똑 똑 똑
시멘트 바닥이 울리면

해어진 내 영혼 속 어둠은 마지막 힘으로 성큼 일어나
쪽들을 맞춘다
덜 해진 쪽을 딱딱 딱
끌어오고 다 해진 쪽을
딱딱딱 끊어낸다

어둠아 아프고 저리는 내 속 어둠아
딱 또닥 딱
어디로 날까 아래로? 아니면
위로?
아래로 꺼져서 더 떨어질 수 없을 만큼 처박힐까
위로? 조금이라도 위로?

딱 딱 딱
아직은 머뭇거릴 힘 밖에 없다
두드리고 있어라
꺼질지도 모르니
밝아 올지도 모르니
그러니
똑 똑 똑

똑 또독 똑

나는 들었다

그의 첫 발이 그곳에 닿은 순간
나는 들었다

그곳을 딛은 죄로 갖은 고초를 겪은 이들의 가슴 치
는 소리를

음험한 낡은 법들이 내려앉는 소리를

앞선 날에 앞선 생각을 한 이들의 소리 없는 만세들을

나는 들었다
명랑한 봄 새들의 높은 합창을
나는 보았다
투명한 봄 햇살의 오후 잔치를
새들과 햇살은 천세의 축복

피어나라 식물들아
흔들어라 손들을
아 물길도 하늘 길도
땅길도 들썩인다

피고지고 다시 핀다
날아라 날 것들아
보이지 않는 공기들도
들리지 않는 숨결들도
아
그저 아, 뿐

첫 발자국

그의 나이 이제 한 살
조심스럽게 첫발을 뗀다
내딛은 곳은 오랫동안 막혔던 곳
가지도 못하고
오지도 못했다
한 살 되니까 단숨에 딛어졌다
그의 한 살은 예순여섯 살

그의 나이 이제 한 살
한 번에 먹은 예순여섯 살
한 걸음은 1킬로 10킬로
길고 빨라져
멈춘 먼 길을 열 것

열려라 참깨 아니구나
열려라 북 길
그의 나이 이제 한 살
그의 나이 벌써 예순여섯 살

2월 31일

세 개를 더 얻으려고 머리를 조아렸다
한꺼번에 주지는 않는다고 했다
그냥은 주지 않는다고도 했다
어떻게 하면 되느냐고 또 머리를 조아렸다
동방고개를 넘어 가물치 세상으로 가서 물어보라고
했다
동방 고개 넘어 가물치 세상을 찾아갔다
가는 길에 여우를 만나 길을 잘못 들 뻔 했다
가물치들은 낮이나 밤이나 가물가물하다고 했다
늙은 가물치 하나가 한 개를 뭐할 건지 묻지는 않고
대뜸 나 못났어? 했다
나는 머리를 다시 조아리고 아니오 하나가 필요해요
아니라고? 좋아 하나 줄게 했다 하나가 왔다

둘은 어디서 얻을까요?
둘은 서방고개를 지나 연어바다에 가면 된다고 했다
또 갔다 가고 갔다 셋을 만나려면 둘은 필수였다
가는 길에 방해꾼은 없었다
서방 고개는 완만해서 단숨에 넘었다
해는 아직 떨어지기 어렵고 높이 뜬 해는 몸에 열이

나게 했다

　고개 위에서 내려다보니 바다가 들썩이고 있었다

　연어 세상은 바다 밑이었다 연어는 보이지 않았다

　다가가서 연어를 불렀다 한 마리가 고개를 내밀었다

　연어는 연애가 필수인 힘찬 세월을 매고 왔다

　둘이 필요해요 둘을 주세요

　새끼들을 위해 우리는 앞날을 모아두었지 앞날은 너
무 커서

　바다를 넘었어 둘은 바다에 깔려 죽었어

　둘에게 셋을 물어야 길이 열린다

　앞이 캄캄했다 둘이 없으면 셋은 물론 모른다

　둘과 셋은 배정에 없었던 것이다

　29에 머문 적은 있기도 하고 없기도 했다

　2월은 그렇게 불었다가 줄었다가 했다

산 거야 싼 거야

간지와 투박
편의와 수고
ㅅ은 ㅆ보다 간결해

그리하여
김밥의 탄생

자본과 노동
싸운다 언제나 지금도

인연

인연 줄은 곧고 단단하다
곧고 길어서 전생까지 한 열흘
말매미 한 세상 한 이레 울음이 길어도 섧다
하나 끊이지 않아
둘도 끊이지 않아
셋도
끝없어

너와 나 걸어놓고
갈라놓는다

간 님

그대
그대여 먼저 가오
슬픔과 눈물 없는 곳으로

그대
그대여 어서 가오
아픔과 이별 없는 곳으로

우리
우리는 따라가오
사랑과 기쁨만 있을 그곳으로

먼저 난
헤어짐으로 모두
나중 간 이별로

살아요
웃음으로
영원을

어그 부츠

어, 그 부츠 있지
어 그래
어 그저께 깔창이 나갔지
어 그래서?
어 그냥 두었지 아직
어 그랬군 왜?
어? 그냥 몰라
어 그만 해라 뭐냐

버찌

꽃 진 자리에
열매 맺히는 것이
자명한 일이듯

너를 집어
집에 데리고 올 때
술 담글 생각한 것도
자명한 것

마시면 몸속에
보라색 열망이
퍼지는 것이
자연이고

떨어진 그 자리에
홍백으로 다시
피어날 꿈도
윤회도

자연인 것

24

돌아 돌아서 한 억 광년
마셔도 살아도
끝나지 않는
인연아

세모

이 모롱이 저 모롱이
열 한 모롱이
년한테 끌려다녔더니

다 파 먹히는 줄만 알았더니
뒹굴고 난
끝
기운이 오히려
숫는다

먹었다
나도 그 년을
열 오르는
으라차차
해볼만 하단다

벚꽃

간밤에 폭발하였네
가을 겨울 긴 긴
기다림
두드림
뒤집어 폭발하였네
하얗게

소복한 기다림 북적댄 외로움
폭발하였네
기절하였네
두껍게도 무겁게도

이제 깨어나 그만
버렸네
배웅하였네
하얗게 독하게

이제 다시
살아야겠네
하얗게

원고지

고향이 없는 사람은
고향을 하나 만든다

에이의 고향은 원형이다
비의 고향은 삼각형이다
나의 고향은 사각형이다

사각형에서 먹고 자고 울다가 코를 풀고 또 잠이 들
었다
사각형 마을을 넘어다녔다
사각형 구멍에 동무를 넣고 지웠다가 살렸다
사각형 책과 공책으로 넘어다니고
사각형 도시락과 사각형 시험들을 걸어다니고
사각형 교실에서 교실로 키를 키웠다

사각형 칸에 생각을 생산하고
사각형 칸에 음울을 지웠다
사각형은 더욱 커졌으나 모니터에 갇힌다

이제

사각형 발자국들을 찍는다
사각형으로 남을
남은 생
부순다
사각형을

우리는 네 살 바기

한 아이가 뛰어갑니다.
손에는 풍선이 들려있습니다.
여자아이에요.
귀여운 볼우물에 땋은 머리가 두 갈래 인형다리 같
이 팔짝거려요.

다른 한 아이가 뒤따라 뛰어갑니다.
손에는 바람개비가 들려있습니다.
남자아이에요.
길게 찢어진 눈매가 순하게 매섭고 입매가 다부집니다.

이 아이들은 네 살입니다.
태어나서 이제 네 번째 봄, 기운이 몸속을 점 점 차
올라 올테지요.
한참 호기심이 많아서 질문이 많고
개구지게 나부댈 때입니다. 떼도 쓰고 울기도 잘합니다.
의사표시는 말로만 하는 것이 아니라 몸짓과 표정으
로도 하니까요.
그것이 제 의견을 표시하는 방법이라 거침이 없습니다.
아이들이 거침이 없다는 것. 이 아이들은 그늘이 없어요.

눈치 볼 줄을 모릅니다. 먹고 싶은 것,

갖고 싶은 것, 다 해달라고 합니다.

놀고 싶을 때

보고 싶을 때, 주고 싶을 때, 다 해달라고 합니다.

부모님이나 친구의

바람

웅 웅 웅
바람이 분다
웅웅
소리가 돌아다닌다
방안은 이제부터 소리의 광장이다
웅 웅
바람은 몸을 밖에 두고
소리만 발라내어 방안에 밀어넣었다

우웅 우우웅 웅웅
커텐이 울럭거린다
컴퓨터가 타령을 한다
웅웅 우웅우 웅웅 우웅우
키보드가 탭을 놓는다

모니터는 깜박 깜박 안면 율동이
세다
웅 웅 웅
세 박자 세 스텝 세 나라

전류

귀 속에 사는 아이야
우는 아이야
말을 해
울지 말고 말을 해

아픈지 배고픈지 졸린지 업어달라는지

말을 해

엄마가 보고 싶어?
엄마?
엄마는 없어
갔어
오래 전에 사라졌어
나도 엄마가 필요해
하지만 엄마는
엄마는 없어 아니 없었어

입에서 귀로 온 아이야
나는 알지 어디서 왔는지 말하지 않아도

알지
배를 거쳐 머리로
머리에서 코를 거쳐 귀로
소리로 흐르는 존재
소리의 구석 아이야
아이야
엄마는 전깃줄을 말아서
머리 속에 우겨 넣고 떠났어
떠났어

제2부

게임

마지막이 보이는 언덕
뒤돌아보면
삶이 파릇 파릇, 이란다
내려가고 싶다
안된다고
내려갈 수는 없는 게임이란다
파릇이 거부한단다

올라가면 다음은 낭떠러지
달아오른 내리막
꺼먼 아가리가 먹겠다고 흐흐
웃는 여기 여기부터는
꺼먼이
내려갈 수만 있는 게임
급하다고 한다

눈을 감는다 뛰어랏
없어진다 끝

오솔길 2

끓는 여름에는 안 보이는 길
식은 가을 겨울에는 나타나는 길

잎들은 무성하지만 떨어져야 한다
줄기들은 강성하지만 휘어지고 부러져야 한다

오르막일 때는 내리막이 좋아 보이는
내리막일 때는 오르막이 좋아 보이는

이슬들 놀라는 소금 길은 눈 감겨 있어도
먼지의 땀 냄새로 목덜미가 그물에 잡혀있어도
오래 견딘 추락들은 죽은 언어를 일으켜 세우리

외줄기 길은 숲으로 간다
물에 잠긴 불꽃들이 타오르는 곳으로
연장되어서
확대되어서
천상에서 오래 썩은 씨앗들이 만든 곳
그곳으로

고등 서사

빨래를 삶고 있으면
요즘도 그거 하나, 한다

밭두렁에 앉아서 무얼 캐고 있으면
지금도 그거 먹나, 한다

김을 굽고 있으면
아직도? 사오지, 한다

냄비에 물 붓고 증탕하고 있으면
레인지에 돌리지 사서 고생, 한다

가지 말랭이 늙은 신랑을 방으로 끄는
합죽한 너를 보고
(지금도 그거 좋나,)

가난한 내가

내가 사랑한 그는 가난했나 보다
가난한 내가 사랑한 그 남자는 나보다
더 가난했나 보다

오전이 가난하고
직립이 가난하고
붓이 가난한 나는

부양이 가난하고
희망이 가난하고
확인이 가난한 그를

이해하지 못했나 보다
뒷 목을 만지는 여름 바람 한 장의
맨 팔등에 떨어진 가을비 몇 알의

느리고 졸린 포기를
차가운 뒷걸음질을
잡느라고 뒤지느라고

이해하지 못했나 보다
가난들이 가난한 것을

굴 껍질

가실 때는 나를 신고 가소서
땅 꼭꼭 찍어 기울지 않게
육 날 미투리 투정하던 당신이여
헛디디지 않게

부서져 버리시는 날
옥죈 마음 열두 쪽 나 벌어져도
지킨 형상 백하고 이 십년
만 길 어둠 사른 검은 머리칼로
삼은 신
울지 않으리

파인 자국만 찾아 딛고
몰고 돌아온 점자의 발은
눈 밝아
감기지 않아
희도록 세도록 기다리리다

나는 울지 않는다

그래서 나는 운다

눈물은 예술 나의 보석
눈물은 나의 연인
나를 지탱하는 골격

안경을 쓴 위에 다시 안경을
걸친다 내 눈물은
이때 변칙적으로 시적이다

나는 웃지 않는다
그래서 나는 웃는다

웃음은 나의 흩어지는 심장
웃음은 나의 막힌 정맥
나를 누수 시키는 고혈압

기쁨도 슬픔도 나의 것이
아닐 때 보석은 심장은
바람 속에 터져라

돌이 되어 굳어라
보석은 심장은
밤이 되어 별빛이 꽂힐 때
별빛 속에 몸이 찢길 때

더 멀리

이번 생은 대망했다
다음 생엔 내가 너를 찾아
찾아가겠다
머뭇대지 않으리라 생략하지 않으리라

안녕하지 마라
그땐 온전하게 세속적이게 안녕하자
평정하자 꿋꿋이

처음엔 알아보지 못하게 지금은 잊자
순결하게
새 문 앞에 서기 위해 지금은 더럽게 있자
발이 빠진다

목욕탕 방에서 다자이 오사무를 살피지 말고
소피아 서점에서 서성이지 말고
크로이첼 쯤에서 헤어지지 말자
다만 헝겊 침대를 바로 펴서 둘이 누우면
겹쳐 누우면
근대의 지번 없는 불빛이

언 거리의 지친 바람들이
따라와 누워

멀리 다시 멀리
내 푸른 가난한 영혼
서투른 청춘은 흐느끼지 않으리

아직은 더 멀리

의자

바라만 보지 말고
앉으세요
그대 엉덩이 모양으로
파이고 싶어요
등을 깊이
기대세요
길게 파인 등뼈에
닿고 싶어요

나그네

나비는 나비는
한쪽으로만 날아가네

그리운 이 있어서 찾아가다가
없어서 다시 와도
도로
그쪽으로만 가네

네 기억의
더듬이 떠는 곳
그곳
돌아갈 곳인가 하네
떠도는 곳은

의식의 발들
방향의 춤들
떠돌기를 사양한 무도

강

외길밖에 몰라서
미워한

벗어날 줄 몰라서
사랑한

그 길밖에 몰라서
거룩한

노란

물결에 멀리

바람에 지고 싶어
바람에 날리다가 불려 다니다가
떨어지고 싶어
떨어져서 썩고 싶어
썩어서 마이너스가 되고 싶어
마이너스가 되어 양을 불러 모을 거야
양을 만나 더하기 더하기 더하다가
폭발할 거야
버섯구름이 될 거야

구름의 끝자락에 가난한 바람
굵지 않은 바람이
되고 싶어
가는 바람이 되어
너에게 갈 거야 너를 조를 거야 살랑
끓을 거야 오래 그립도록

너는 지지 않는 네가 되어
성대한 세계가 될 꿈을 꾸면
나는 가난해져 다시
날아갈 거야 멀리

경례

암만 먹어도 질리지 않는
잔멸치 볶음

무슨 그리
고마운 일이 많은지
언제나 절하는
언제나 겸손한
잘 잘 잘 대 고것들
머리 조아리는
고것들

물들다

왜 어울리지 않느냐
물들고 싶지 않아서

왜 섞이지 않느냐
닿고 싶지 않아서

왜 만나지 않느냐
패이기 싫어서

왜
상처받고 싶지 않아서

왜

입춘 무렵

그 시절 등록기가 다가 오며는
근심과 막막함이 몸을 베어서
포기하자 하면서도 하지 못하는
칼날이 있어서

흐린 날 기찻길 너머
샛강 허리 느개 같은 슬픔이 부풀어 올라

마루에서 낮잠 자고 깨어나
뜬 눈 감고 있을 때
어머니의 밥 김 서린 목소리 학교 가야지 늦었다
일단 놀랐다가 놀리는 줄 깨달아
작은 앙탈 부리던 저녁 그리워

그 추운 이들의 눈망울 속으로 내 눈을
들여보내야지

아직도 한겨울인 입춘에 차거운
상흔 구슬로 뀈
주렴을 헤치러 가야지

바람이 차버린 플라스틱 통의 뒤집힘
같은 가슴들 들치러 가야지

초록

나를 봐.

여기서도 싹을 티웠어.

잘 크고 있지.

뿌리는 아마 힘들 거야.

박토니까

하지만 꽃을 피우고 종자도 맺을 거야.

나는 파란만장으로 가고 있어.

살아 있다는 것은 냉엄한 거야.

냉엄하면서도 훈훈해.

같이 살게 돕고 품어주거든.

그걸 알리고 퍼뜨릴 책임이 내게 주어져 있지.

나의 한 삶이 응축된 씨로서 그걸 할 거야.

파란만장은 수 많은 내 씨 안에 복사되어 있지.

시작과 종말은 같은 모양.

내 옆 밑 잔디 풀도 좀 더 있으면 새파래진다.

내 뒤를 잘 따라 올 거야.

제3부

쪽지

수가
엄마가 부산 카니
밥 차러 낫다
체겨 무그라

(1973년 08월 11일)

접시꽃

앞 동네 하나
건너 마을에 하나
겸상 차리고
피어있다
웃고 있다
잘 산다고

저 길에 몇 개
이쪽 길섶에 두어 개
나 보러 오라
어스름 속에 걸리었다
가슴 켜고 있었다
등불로

앉을 자리

송전탑 중턱에 바람 끝이 따가운 날
다수의 바람이라고 외쳐도
아무리
외쳐도 앉을 자리 없다 모자라
주먹 꽃들이 피고 지고
지고 피고

승용차가 기차에게 물었다
좌석이 몇 개더라
기차가 답했다
잘 모르겠어 세어봐야 돼

모르지 그러니까 너는 대중이야
승용차가 말하고
거만의 문을 탁 닫고
엔진을 으쓱 올리는데

얘! 너 나 좀 보구
가
뒤에서 가마가 불렀다

청맹과니의 느린 손들이라지만 아직
먼 그늘의 꽃

메꽃

앞 동네 한 집 건너 마을 한 집
산 너머에 두 집
살림 차리고 나왔다
제멋대로 나앉은 것 같아도 다시 보면
줄 잡고 있다

형제들아 살림나서 편하냐
한 마당에서 퍽 퍽 싸울 일 없으니
마냥 편하다냐
그리움에 당기면 한 끈에 얼굴들 내민다
나보고 싶거든 넘어 오소
외줄이 흔들린다

들며 나며 흘기던 때 눈물 나
위 아래로 받쳐주니 든든해라
겹줄이 아니라도 기댈만 해
부모 슬하를 그리워하는 맘을 알아
여기 한 등 저기 한 등
방 등이 한가한 어둠 속

마스크

불려가지 않고 여기까지 온 것이
어딘가

쉰일곱 번의 봄과 쉰여섯 번의 가을을
소유한 것이 어디인가

하늘아 밝음아
너희들을 다시 안게 해주는
그것

나의 분신
나의 친구
나의 버팀

펭귄

젊어도 늙어도 아이들은
명랑하다
두 살 반짜리 아이에게
세상은 하얀 곳
하얘서 숨을 곳 없는 땅

있는 힘껏 달려도
달리지만
세상은 멀어진다
살아있는 동안 닿지 못할
사랑과 유머
두 발로 들고 있다

한 줄

한 줄의 입술
한 줄의 웃음

한 줄의 행복
삶은 외줄들의 엮이기

첼로와 안경 2

흰 꽃을 든 바다는
눈 가린 저음으로 달려오네

모래 위에 살 능력이 되어도
굳은 땅으로 떠날 의지가 있어도

모두 우리
함께 하기를 앉아 바라네

옛날을 버린 석양은
다르게 보려다가
벗어나 보려다가

안경을 찾네
고개 젖히고 물들었네
이익을 바침으로 바꾸는
안경을 쓰네

오는 저녁은 붉은 수평들의
부드러운 밧줄

내일 아침의 이슬들
지지 않는 흰 꽃들의 고음일랑

다 가지면 좋겠네

골무

수천 땀을 파서 여기까지 내려왔다
구르기도 하고 내리닫기도 하였으나
급경사에 고꾸라지고
성질 급한 더딤에 포기할까도 하였으나

단 한번도 하차하지 않은 것은 너의
삶과 닮아지고자,

바이러스

살려고 하는 자 살 것이다
죽으려고 하는 자 살 것이다
의지 있는 자 살 것이다

달력과

달력과 수첩
나무마다 빈 땅이 떠오른다
밤 길이 걸린다
시간의 노예로 살았나
갈피의 긴장이 팽팽하다
넘길 때마다 웃던
뒤질 때마다 울던
숫자의 함정
그림 문자의 포옹

골목이 살아난다

빨강 노랑
과거의 음습함에서
현재의 동화로

클라우드

가고 싶어도 갈 수 없는 곳들이 있기에
가고 싶을 때 갈 수 있는 곳을 만든다
내 짐을 부려놓고
희망을
꿈과 노래를
보내놓았다

열어 볼 수 있고
불러볼 수 있고
안아 볼 수도 있다
찢을 수도 있다
심지어
태울 수도 있다

다 할 수 있다
다 할 수 있되 다
가지지는 못하는 것들을
저장한다 그곳에 두어
나 죽은 뒤에도
반영하라
나를

공중전화

어쩌다 한 번 찾는 영감님 기다리다
목 꺽어진 늙은 기생첩이냐
이 맛 저 맛 질리고 나서
별미 생각날 때 찾는
묵은 김치냐
입자니 유행이 지나서
버리자니 본전 생각나서 걸어 두는
장롱 차지 가죽 옷이냐
남 주기는 아까운

첫눈 오는 날 긴 줄 뒤에 서서 네 목소리 미리 듣던
지루한 줄 모르고 기다리던
이제
밧데리 남은 양 4% 되고 나면 찾아보기도 하는
찾아보지만 눈에 안 뜨이는
인적 끊긴
붐비고 닳던
소나기 피하던
통화하고 남은 20원 빼내지 못하는
20원 아깝던 마음 그저 남은
작은 집

코드를 뽑는다

안 쓸 때 뽑아 놓은 코드는
쉬면서 전기를 먹지 않는다

몸의 기관들도 안 쓸 때
분리시켜 쉬게 하면
에너지가 절약되고
닳아지지 않을 것이다

널 뛰다

가을 맞아 까막 콩 누런 콩
거둔다
거스르미 덜 된 놈들 키로 까불려서 골라낸다
키질할 때마다 덜된 콩들 널 뛰고
뒤집히고 날아 땅으로 떨어진다
삶은 마감에
서럽다 낙하한
한 평생들

올드 레이디 장난스런 키질에
영 레이디 원유 수입국들 까불린다
키질 할 때마다 돈다발 얇고
가볍다
흘기고 박대한다
은혜로운 석유야
니희만 자애하누나

티셔츠

20년 된 티셔츠
맨 몸 20년을 싸고돌았다
늙어서 늘어진
너를 안다
T T
관심의 땀 방울은 울었다
T T
풀릴 리 없는 잠과 함께
누웠다

오래지 않아 버려야 할
무심의 실타래
다시 운다

평화

뻐꾸기 울음이 져다
주는 한 짐의
안정
고요
물살 퍼지는

앉아서 잠기는

오늘 죽는 사람

집안에 뛰어든 관리소
느닷없는
안내는 잘라먹고
모니터를 부쉈다

폐쇄 회로에 잡힌
앞집 벗은 남자
구겨져 날섰다
팬티 무늬 두 개
다섯 개

위층에서 감고 내려온
베란다 밧줄
또아리 틀고
실내를 박살냈다
혓바닥은 강했다

새침한 소녀적 잠은
밭으로 갔다가 조각 나서
돌아오지 마라

이불이 된
의뭉스런 크레타여
온전히 남는 것은
버려짐
오늘 죽었다

군무

그물 속에 든 것들은
물고기나 새나
울음이나
달아날 수 없다

낚아챈다 한들
놓아준다 한들
변함이 있을까만
항아리는 우그러지더라도
놓아줄 수가 없다

어미가 가는 길은
길 잃지 않으며
잡혀 먹히지 않기도 하는
힘 절약도 하는
길
가고 싶은

그물 속에 든 것들은
놓아주어도

잡아 채어도

갈 곳이 그 안이다

앞으로

골목이 살아난다
빨강 노랑 파랑
과거의 묵화에서
현재는 동화다

재봉틀에서 만나 커플이 된
어린 내외가
풀씨 같은 작은 아이 손 잡고 나오는
저녁 산책

색채는 복지다
어디로 갈까 공원으로
모르지만 가고 싶은 대단위 아파트
단지 놀이터는 낯설고 딱딱하다

이 골목 저 골목
숨지 않아도 그냥
숨겨주는 편안함이 편하다
구불어져서
가깝다

시작을 눌러야 끝낼 수 있는
컴퓨터
컴퓨터의
뒤집힘이 있다

Y자 의자

Y자 의자에 자주 누워있네
먼 길을 오르거니 내리거니 굽이쳐 왔다네
스물여섯이나 되는 고비는 나만의 것이라 굳게 생각하네
사람들아 알지 않아도 되리라
고비는 몇 개나 받는지
얼마나 가파른지 험한지
스물다섯에서 다시 내려가는 심정을

양다리를 웅대하게 벌리고 공중에 뻗어있네
이제 한 개가 남았단 말이네 Y
반항은 안 되는 이 자세가 뎅겅한 삶이라
저 앞 멀지 않은 마지막 하나
올 것임이 분명한 그것을 짐작해보네
아득하면서 가까운 그
한 개는 없느니보다 다행이라 생각하라 하네
모습을 보이는 Z

하지만 Z여 너 너는 乙이네
둘째네
그리하여 이 고비는 끝에서 둘째가 아니라네

앞에서 둘째라네

을이 기다리는 Y는 갑이었네

앞이 환하네

이제 시작이라 하네

평지 아닌 급경사의 오르막이라 해도 좋겠네

다시 앞으로 와이

높은 곳으로

어머니
올라가고 싶었어요
너무나

올라가고 싶은 마음이
너무 커서
허공으로 왔어요
문을 지나쳐 버렸어요

허공으로
왔어요 뭍은 낮아서
낯설어요
높은 곳이 좋아서
다 보여서 가릴 수 없는 것은
없어요

다 보여요
어머니의 차디찬 가슴도
이 정도면 되었어요
문을 닫으세요

머리칼도 마르고
마음도 말랐어요

다
말라

태풍 후

비가 그쳤네
바람 꼬리가 보이지 않네

남은 더위가
바깥 기척을 살피네

초록

올리브나무들은 초록으로 불탄다.
초록을 버리지 못해 초록초록 타다가 질 것이고
초록을 조금 버린 딸 연두 열매들을 보낸다.
초록의 후생은 연두라,

봄동 김치

아랫녘에서 오고 있겠지
너무 서둘지는 않고서
기다리는 이들을 생각하면서
봄,
마냥 기다리지만은 않아
봄을 만들었다
궁금하다
김치를 담을 때마다 누가 김치를 시작했는지
궁금하다
봄,
유산균이 발효하여
맛과 영양을 내는 원리를 발견했는지

오그라들게 했다가 다시 피어나게
하는 그, 순환
만년의 힘
또 사랑 기다려진다
봄동 김치
꾸미지 않은 맛으로 수수하다
그 봄

12월을 위하여

헉

흰 원피스를 준비해야겠다

축제가 있을 테니까

껍질로 살기

개나리 지고 목련이 떨어질 자리를 보는
한산한 봄
순탄한 봄의 저녁
단호박죽을 끓이려고 호박을 손본다
흐르는 물에 푹푹 씻어 물기를 닦는다
작년 수확 호박은 무뚝뚝하고 견고해서 수비가 특급이다
밀리는 칼질이나마 세게 쳐 몇 쪽으로 자르고
씨를 파낸다
진초록 껍질은 목피같이 우둘두둘 딱딱
무표정으로 손길을 방어한다

식물이든 동물이든 껍질은 질기고 억세다
그러면서 내육보다 영양이 풍부하다
외피는 외부의 위험으로부터 개체를 보호하는
임무를 띠고 있기에,
단단하고 질기게 만들려면 영양소가 많아야 한다
껍데기에는 그래서 혀끝에 거칠지만 좋은 것이 더 많다
늙은 초록은 울타리 부모
거친 낮과 험한 밤 속내를
안전하게 성숙시킨다

아까운 초록을 버리는 것이 노란색을 원색대로
내는데 유리하다 하지만 버리지
않는다 대범하게 숭덕숭덕 썰어
내육과 함께 끓인다 노랑에 초록이 섞이면
인고로 검어진 초록이 함께 들면
아마 팔레트가 들썩이는 연두 아우성
어쩌면
초록이 완전히 풀어지지 않으면 검초록
반점 병구들이 점령한 완강한 환호

법석들이 노랗게 진정될 때쯤
수런수런 혈기 뜨거운 병구들에게 메시지를 넣는다
나의 노랑은 이제 네 살이다
비바람 서리 견딘 초록아 걸음마 여린 초보를 지켜다오
자식 속에 섞여 든 자모되어 엄부되어
억셈은 강건함으로
질김은 끈기로 영양은 지혜로
제 일을 할 준비가 될 때까지
껍질로 살 때까지
그렇게

팽목

늙은 팽나무 정자나무 느릿하게
내려다보는 바닷가
그 동네

옛날에 옛날에
귀 어두운 노인들이 속 깊은 가지
샐쭉한 잎새에 파도를 걸어놓고 졸면
팽나무는 물같은 물같은 세월을 풀어놓았지
물소리로 시간을 재었지

오늘은 풀지마라
정지하게 하라 세월
바다와 땅에 금이 가도록

딸들과 아들들이 물밑에서
기다린단다
막히는 숨 줄을 부여잡고
앳된 발버둥으로 벅찬 물을
밀어내면서

어미가 반달음에 가서
아비가 반의 반달음에 뛰어서

숨통에 숨을 불어넣어
목을 이끌어
나올 때까지
천년세월 팽목이 지키는
물새 소리 명랑한 항구로
나올 때까지

오늘은 풀지 마라
쳐다보자 만져보자
아들아 딸아

미끈한 너희
미목으로 쾌청하게
다시 살아
지키리
만년의 바다와 땅
정자나무 팽나무 되어

구럼비를 안아주소 물할망

갈라지고 파인 거북등짝 엎드린지 삼 만년이네
등 파인 골과 골로 맑은 물 흘렀네
한라 꼭두에서 땅속으로 스며 내린
저 먼 삼만년
흑암 속 물길은 깊고 길어서 정화되고
승화되어 반짝이는 옥수여
한라 정기를 물에 받아 바다에 부리었네
이끼마저 신선한 우멍굴엔 찰랑찰랑 솟았네
우르당탕 뿜었네

들풀과 물풀과 게 맹꽁이 고둥 산호 따닥 따닥 따개비
말뚱한 게 콩눈은 어여쁨이 형렬(烔爰)이었어라
알 까고 먹이고 마릿수 포깃수 불리었네
그 물 처음에는 어망이었으리
내리고 내리다 영험 흥건 할망으로 늙어
치유의 물
생명의 물 되었네
병 낫수고 갈증 삭혀주었네 작은 목숨 줄들 싸매었네
침이고 젖이고 약인 물 햇볕에 따가운 바위 식혀
쉬어가는 자리 만들기도 주저 없었네

이제 너른 등 구럼비는 깨져나가네
찍혀서 조각조각 몸은 흩어져
구름같이 뭉실뭉실 파도같이 너울 너울진 한 바위
그 모양이 깎여가네
꺼져가네

울음소리 들리지 않느냐
삶터 잃는 생명들은 외친다
아 아 우리는 멸종해야 하느냐

할망이여 그 몸을 버리지 않게 해주소
당신 그 신령한 물약으로 갈라진 데를 이어주소
등 찍는 기계를 멈추게 해주소
그대 분출하는 용암처럼 큰 목소리로
기계 부리는 사나운 명령들을 혼내주소
갈라지고 미워하는 마을의 두 인심을 하나로 모아주소
큰 어망의 엄하고도 자애로운 손길로
눈길로 맘길로

시시로 새로우며 영원한 시작 물할망이여

소녀들, 날고 싶다

꼬아 묶은 댕기 머리
마음아 붉어서
서러워져서
보내리 먼님에게
피지 못한 내 젊음
거두어가라 핏물 기억
잊으리라 몸서리

까만 장막머리 흩날리며
거닐던 봄의 교정 그리워
개나리 웃음 호호
지난 날 부르지만
아침머리 빗는 동창의 햇살
여전히 고와도
가라앉았네
푸른 빛나는 내일은

멈출 수 없는 꿈
한 문장의 꿈
깃촉같이 품었네

앞가슴 박동으로 기운껏 펼치라

비단 머리 날개여

어둠이야 떨치면

멀어져

그대 바라고 날으리

보편적 질서를 향해서

복거일(시인)

I

시집에서 가장 중요한 시는 표제시다. 그 다음이 첫 시이고 그 다음이 마지막 시다. 김수려의 둘째 시집 《두드리고 있어라》에는 표제시가 없다. 시집 제목은 첫 시인 〈다녀온다 밤에〉의 뒷부분의 한 구절에서 뽑았다.

딱 딱 딱
아직은 머뭇거릴 힘 밖에 없다
두드리고 있어라
꺼질지도 모르니
밝아 올지도 모르니
그러니
똑 똑 똑

똑 또독 똑

당연히, 이 시는 이 시집에 실린 시들 가운데 가장 중요하다. 이 시에서 '두드리다'는 말은 '문을 두드리다'는 뜻으로 쓰인 듯하다. 즉 간절한 무엇이 다가오기를 기다린다는 얘기다.

그러나 그렇게 기다리는 것이 무엇인지 짐작할 단서를 시는 내놓지 않는다. '다녀온다 밤에'라는 시의 제목도 앞쪽 구절들도 독자들이 시인의 뜻을 알아차릴 단서를 내놓지 않는다.

비가 내린다
똑 똑 똑 깊은 밤
낮게 두드린다 밤
언제일지 모를 나의 그 시간을
두드린다
똑 똑 똑

시의 첫 구절은 두드리는 주체가 비라고 밝힌다. 빗방울이 시인이 오기를 기다리는 어떤 시간을 깨운다는 얘기다.

빗방울에 그런 역할을 부탁하는 마음을 상상하기는 쉽지 않다. 그렇게 어려운 처지로 몰린 사람을 떠올리기도 쉽지 않다.

어둠아 아프고 자라는 내 속 어둠아

딱 또닥 딱

어디로 날까 아래로? 아니면

위로?

아래로 꺼져서 더 떨어질 수 없을 만큼 처박

힐까

위로? 조금이라도 위로?

마음에서 어둠이 자라난다는 시인의 독백은 독자의 마음에 아프게 닿을 수밖에 없다. 그 절실함에 "예술은 경험에 질서를 주는 일"이라는 얘기가 떠오른다. 실은 모든 지적 활동이—사람의 수준 높은 지적 활동만이 아니라 단순한 생명체의 모든 정보 처리들까지—경험에 질서를 부여한다. 위의 시구는 시인의 어둡고 괴로운 경험들에 질서를 부여하려는 시인의 노력에서 나왔고 그 경험들의 모습을 보여준다.

여기서 예술 작품의 소재가 된 경험의 성격이 문제가 된다. 그런 경험이 보편적일수록, 즉 많은 사람들이 겪고 중요하게 여기는 경험일수록, 사람들이 쉽게 이해하고 가치가 높다고 여길 것이다. 이 점은 간절한 기다림을 드러낸 시 한 편을 감상함으로써 이내 이해될 것이다.

까마득한 날에

하늘이 처음 열리고

어데 닭 우는 소리 들렸으랴

모든 산맥들이

바다를 연모해 휘달릴 때도

차마 이곳을 범하던 못하였으리라

끊임없는 광음을

부지런한 계절이 피어선 지고

큰 강물이 비로소 길을 열었다.

지금 눈 내리고

매화 향기 홀로 아득하니

내 여기 가난한 노래의 씨를 뿌려라

다시 천고의 뒤에

백마 타고 오는 초인이 있어

이 광야에서 목 놓아 부르게 하리라

이 시를 절창으로 만드는 것은 물론 이육사가 담아낸 경험이 일본 식민지 시기의 2천만 조선인들의 경험을 대변했다는 사정이다. 자신의 죄수 번호 '264'를 자신의 호로 삼은 지사의 삶에 질서를 부여한 작품이기에 〈광야〉를 읽는 사람이 마음의 옷깃을 여미게 된다. 그리고 그런 사정은 조선 민족을 넘어서 온 인류로 확대된다.

II

이 시집에 실린 시들은 대체로 내부지향적이다. 시인
자신의 마음 속을 살피는 시들이 비교적 많고 다른 사람들
과의 교섭을 다루거나 우리 사회의 중요한 문제들에 대한
생각을 드러낸 작품들은 적은 편이다.

이런 사정은 시들이 사적(私的) 특질을 짙게 띠도록 만
들고 공적(公的) 특질을 띠는 것을 막는다. 다른 사람들이
공감할 수 있을 만큼 보편적 성격을 띠므로, 예술 작품은
사적 독백의 영역에서 벗어나 공적 영역으로 들어간다.

그래서 시인 자신의 어두운 마음으로 끌린 눈길을 바깥
으로 돌리면, 독자들이 이내 공감할 수 있고 독자 자신의
마음에 어떤 질서를 주는 작품이 나온다.

> 간밤에 폭발하였네
> 가을 겨울 긴 긴
> 기다림
> 두드림
> 뒤집어 폭발하였네
> 하얗게
>
> 소복한 기다림 북적댄 외로움
> 폭발하였네
> 기절하였네

두껍게도 무겁게도
이제 깨어나 그만
버렸네
배웅하였네
하얗게 독하게

이제 다시
살아야 하겠네
하얗게

〈벚꽃〉 전문

이 시가 들려주는 경험은 보편적이라 할 수 있다. 꽃잎이 날리는 광경은, 특히 벚꽃이 바람에 날려 땅을 덮는 광경은, 모든 사람들이 경험하고 비슷한 감정을 품게 되는 일이다. 그래서 마지막 연이 뜻밖의 힘을 얻어 독자들의 마음에 깊이 들어온다.

III

우리가 자주 하는 얘기들 가운데 하나는 "사람은 사회적 동물"이라는 얘기다. 자연히, 우리는 사회적 맥락에서 씌어진 작품들에 끌린다.

앞 동네 하나

건너 마을에 하나
겸상 차리고
피어있다
웃고 있다
잘 산다고

저 길에 몇 개
이쪽 길섶에 두어 개
나 보러 오라
어스름 속에 걸리었다
가슴 켜고 있었다
등불로

〈접시꽃〉 전문

    이 시를 읽으면서, 필자는 칠십 년 전의 고향 모습을, 초가들 모인 산골짜기에서 어려운 삶을 꾸려가던 사람들을, 읍내 오일장에서 만나 아는 사람들의 안부를 묻던 시절을, 오래 전에 사라져서 다시 나올 수 없는 그 시공을, 떠올렸다. 그처럼 사람들과 꽃들에 공통된 질서를 이 시는 문득 불러낸다.

수가
엄마가 부산 카니
밥 차러 낫다

체겨 무그라
(1973년 08월 11일)

〈쪽지〉 전문

　시인의 엄마가 남긴 쪽지를, 날짜만 덧붙여서, 그대로 실은 이 시는 독자들의 얼굴에 미소를 떠올리게 할 것이다. 그리고 나름으로 어머니의 모습을 떠올릴 것이다. 모녀 사이의 무척 사사로운 일이라서 '과연 이런 글을 시집에 올려도 되나?' 하는 생각이 들 만도 하다. 그러나 이 시는 보기보다는 깊은 사회적 맥락 속에 자리잡았다.

　미국 진화생물학자 로버트 트리버스(Robert Trivers)는 모든 생명체들이 사회적 존재라고 지적했다. 생식 자체가, 즉 한 개체가 다른 개체를 낳는 행위 자체가, 사회적 활동이라는 얘기다. 필자는 생식이, 유성생식이든 무성생식이든, 가장 사회적인 활동이라고 생각한다. 그래서 〈쪽지〉라는 시가 감동을 불러오는 것이다. 사회적인 경험보다 더 보편적인 경험이 어디 있겠는가?

2024년 11월

8